C. H. Spurgeon:
Ein Leben für die Schafe

Ausgewählte Texte aus Predigten von C. H. Spurgeon

CLV

Fotos: K. H. Raach
Textbearbeitung: Wolfgang Bühne

Postfach 110135 • 4800 Bielefeld 11
Umschlag: E. Platte
Satz: Michael Bühne, Meinerzhagen
Lithos: Grafia Hagen
Druck und Bindung: Ritzerdruck, Kitzbühel

ISBN 3-89397-322-2

Vorwort

Charles Haddon Spurgeon wurde am 19. Juni 1834 in Kelvedon, einem kleinen Dorf der Grafschaft Essex, geboren. Er war der Älteste einer siebzehnköpfigen Kinderschar, die in einem bescheidenen, aber gottesfürchtigen Elternhaus aufwuchs.
Im Alter von 16 Jahren erlebte Spurgeon seine Bekehrung, nachdem er sechs Monate lang im Bewußtsein seiner Verlorenheit und unter großen Seelenkämpfen Frieden mit Gott gesucht hatte. Er geriet in ein starkes Schneetreiben und suchte in einer ihm bisher unbekannten Kapelle Schutz. Gott benutzte die Ansprache eines schlichten Predigers über die Worte: "Blicket auf mich, aller Welt Enden, so werdet ihr selig!", um Spurgeons Blicke von sich selbst weg auf das stellvertretende Opfer Jesu Christi zu lenken. Von dieser Stunde an war er sich seines Heils gewiß und hatte nur noch diesen einen Wunsch für sein Leben: Menschen auf das Lamm Gottes aufmerksam zu machen. Wenige Wochen später hielt er bereits seine erste Predigt und kam in den Ruf eines "Knabenpredigers". Mit 18 Jahren wurde er Prediger der Baptistengemeinde in Waterbeach und 1835 wurde er in die ehrwürdige, aber leblose New-Park-Street-Church in London berufen. Hier bekam der jugendliche Prediger einen solchen Zulauf, daß in wenigen Monaten die Besucherzahl von 200 auf 1.000 anstieg. Um die Menschenmengen aufnehmen zu können, beschloß man mit dem Bau des "Metropolitan Tabernacle" zu beginnen, welches dann 7.000 Menschen Platz bot und außerdem noch einen Betsaal für 900 Personen und einen Sonntagschulraum für 1.000 Kinder umfaßte. Dieses gewaltige Bauwerk wurde nicht nur bei der Einweihung im Jahr 1856, sondern 36 Jahre lang, bis an das Lebensende Spurgeons, gefüllt. Unter seiner Kanzel sammelte sich Arm und Reich, Proletarier und Aristokraten, Jung und Alt.
Die Zuhörer wurden von der Vollmacht dieses außergewöhnlichen Predigers gebannt, und viele erlebten unter seiner Verkündigung ihre Bekehrung. Seine Predigten wurden 37 Jahre lang wöchentlich

in einer großen Auflage gedruckt und wie eine Zeitung verkauft. Sie wurden in viele Sprachen übersetzt und erleben bis heute Neuauflagen. Es wird wohl keinen Erweckungsprediger des 19. Jahrhunderts geben, dessen Predigten eine solche Verbreitung gefunden haben.

Spurgeon predigte ein unverkürztes, kompromißloses Evangelium. Die völlige Verlorenheit des natürlichen Menschen, die unwiderrufliche Rechtfertigung durch den Glauben an das stellvertretende Opfer Jesu, der Glaubensgehorsam des Christen dem Wort Gottes gegenüber – diese Wahrheiten predigte er mit beispielloser Schlagkraft und Eindringlichkeit.

Dem gesegneten Erweckungsprediger blieben jedoch Anfechtungen, Krankheiten und starke Anfeindungen nicht erspart. Vor allem die tragische Katastrophe in der "Royal Surrey Garden Music Hall" im Jahr 1856, wo während einer Predigt Spurgeons eine Panik ausbrach und sieben Menschen zu Tode getreten und viele verletzt wurden, legte einen großen Ernst und eine gewisse Schwermut auf sein Gemüt. Er selbst schrieb einmal über seine Anfechtungen:

"Ehe der Gnadenregen kommt, hängen schwere, schwarze Wolken über mir. Die Niedergeschlagenheit ist mir jetzt ein Prophet im rauhen Gewand, ein Johannes der Täufer, der seines Herrn reichen Segen verkündigt."

Diese Erfahrungen machten Spurgeon zu einem Seelsorger und Tröster, der Zweifelnde und Angefochtene verstehen und aufrichten konnte. Spurgeon, der seine eigene Schwachheit deutlich spürte und wußte, daß er täglich auf die Kraft und Gnade Gottes angewiesen war, hat in seinen Predigten oft die Themen "Hirte" und "Schafe" behandelt. Aus solchen Ansprachen sind die Texte für diesen Bildband entnommen worden. Sie werden mit dem Wunsch und Gebet herausgegeben, das Vertrauen der Leser zu unserem Herrn Jesus, dem "großen Hirten der Schafe", und zu Seinen Verheißungen in allen Lebenslagen zu stärken.

Wolfgang Bühne

"Denn er ist unser Gott, und wir sind das Volk seiner Weide und die Herde seiner Hand." Ps. 95,7

Die Gläubigen werden hier mit Schafen verglichen. Das ist kein schmeichelhafter Vergleich und doch ist er sehr tröstlich, denn unter allen Geschöpfen hat kaum eins mehr an Schwächen und Krankheiten zu leiden, als ein Schaf. In ihrer Schwachheit und Hilflosigkeit sind die Schafe ein passendes Bild für diejenigen, die an den Herrn Jesus glauben und Seine Jünger geworden sind.

Mögen andere sich ihrer Stärke brüsten – wir bekennen unsere Schwachheit, haben aber nicht nötig, darüber traurig zu sein, denn – wie Paulus sagt – "wenn wir schwach sind, sind wir stark".

Schafe sind hilflos und unfähig, für sich zu sorgen. Ohne die Fürsorge des guten Hirten würden sie bald umkommen. So ist es auch mit uns. Unsere geistlichen Bedürfnisse sind zahlreich und dringend. Wir sind Wanderer durch ein Wüste, die uns weder mit Nahrung noch mit Wasser versorgt. Wenn unser Brot nicht vom Himmel fällt und das Wasser nicht aus dem Felsen fließt, werden wir umkommen. Unsere Schwächen und Mängel fühlen wir tief, aber dennoch haben wir keine Ursache zur Unzufriedenheit, weil der Herr unsere armselige Lage kennt und uns mit der zartesten Pflege beisteht.

Schafe sind zudem sehr einfältige Geschöpfe und auch in dieser Beziehung uns ähnlich. Wir bekennen es Ihm demütig, der bereit ist, uns zu führen. Wir sagen mit David: "Du, Gott, weißt um meine Torheit" und Er ruft uns zu, wie Er David zurief: "Ich will dich unterweisen und dir den Weg zeigen, den du wandeln sollst." Wenn nicht Christus unsere Weisheit wäre,

würden wir bald eine Beute des Verderbens werden.
Was macht es aus, daß die Schafe schwach sind, wenn der Hirte stark genug ist, um seine Herde vor dem räuberischen Wolf oder dem brüllenden Löwen zu schützen? Wenn die Schafe Not leiden, weil das Land dürr ist, so ist der Hirte in der Lage, sie auf gute Weide zu führen. Wenn sie töricht sind, so geht er vor ihnen her, muntert sie mit seiner Stimme auf und leitet sie mit seinem Stab.
Keine Herde kann ohne Hirte sein und kein wahrer Hirte ohne Herde. Beide gehören zusammen.
Daß ich wie ein Schaf bin, mag ein demütigender Gedanke sein, aber daß ich einen Hirten habe, verbannt alle Traurigkeit und schafft neue Freude. Schwach zu sein, damit ich mich auf Seine Stärke verlassen kann; voller Mängel zu sein, damit ich aus Seiner Fülle nehmen kann; leer und unverständig zu sein, damit ich von Seiner Weisheit geleitet werden kann, das alles dient zum Preis Seiner Gnade.
Nicht euch, ihr Großen und Mächtigen, die ihr das Haupt erhebt und eigene Ehre beansprucht, wird Friede und Ruhe verheißen, sondern euch, ihr Niedrigen, die ihr euch im Tal der Demut freut und klein in euren Augen seid; euch wird der Hirte wertvoll, euch führt Er auf eine grüne Weide und zu frischem Wasser.

"Erkennt, daß der Herr Gott ist. Er hat uns gemacht und nicht wir selbst – sein Volk und die Herde seiner Weide."

Ps. 100,3

Die Schafe Christi sind Sein, lange bevor sie es selbst wissen. Sogar während sie noch umherirren und durch das Werk Seiner Gnade zur Herde gebracht werden, wird offenbar, daß sie der Erwählung nach schon von jeher dazu gehört haben.
Die Schafe sind Christi Eigentum, weil Er sie vor Grundlegung der Welt erwählt hat. "Nicht ihr habt mich erwählt, sondern ich habe euch erwählt."
Sie sind außerdem die Seinen, weil der Vater sie Ihm gegeben hat. Wie bewegt Er diese Tatsache in Seinem Gebet!
"Sie waren dein, und du hast sie mir gegeben... Vater, ich will, daß, wo ich bin, auch die seien, die du mir gegeben hast."
Wir sind die Herde des Herrn Jesus, weil Er uns erkauft hat. Es sind über 19 Jahrhunderte vergangen, seitdem Er den Kaufpreis bezahlt und uns zu Seinem Eigentum erkauft hat, und wir werden immer die Seinen sein, denn dieser Kaufpreis ist nicht umsonst bezahlt worden. Der Heiland blickt auf die Hände und sieht die Zeichen Seines Lösegeldes. Er blickt auf Seine Seite und sieht das Mahl der vollkommenen Erlösung Seiner Erwählten durch das Vergießen Seines Blutes.
Kann Er eines Seiner Schafe verlieren, die Er geliebt hat, bevor die Erde geschaffen war? Welche Unehre für einen Hirten, ein Schaf zu verlieren! Es muß entweder aus Mangel an

Aufsicht, aus Mangel an Aufmerksamkeit oder aus Mangel an Wachsamkeit geschehen sein. Aber nichts davon kann bei dem guten Hirten vorkommen. Von unserem Herrn Jesus wird man nie sagen können, daß Er eins von Seinem Volk verloren hat, denn Er rühmt sich, alle bewahrt zu haben:

"Die du mir gegeben hast, habe ich behütet und keiner von ihnen ist verloren als nur der Sohn des Verderbens, auf daß die Schrift erfüllt würde."

Der Teufel wird nie sagen können, daß der Herr eines von denen, die der Vater Ihm gegeben hat, verloren gehen ließ. Sein Werk der Liebe kann in keiner Weise mißlingen. Sollte Sein Tod vergebens sein? Nein, das ist unmöglich. Den Zweck, den Er durch Seine Leiden und Seinen Tod erreichen wollte, wird Er erfüllen, denn Er ist der Ewige, der Unendliche, der Allmächtige. Wer wird Seine Hand zurückhalten und Seine Absicht vereiteln?

Er läßt das nicht geschehen!

Denkt einmal an die Folgen, wenn Er eines Seiner Schafe verlieren würde! Wie würde Satan spotten! Welchen Hohn würde er über den Hirten ausgießen! Wie würde die Hölle diese Nachricht ausposaunen: "Er hat eines von ihnen verloren!"

Angenommen, es sei das Schwächste gewesen, so würde Satan schreien: "Die Starken, die sich selbst halten konnten, die hat er wohl bewahrt." Angenommen, es sei das Stärkste gewesen, dann hätte er gelästert: "Er konnte nicht einmal eins der Stärksten halten und mußte es verlorengehen lassen."

Es ist nicht der Wille des Vaters, daß eins von den Seinen verlorengehen soll, noch dient es zur Ehre Christi, daß eins Seiner Schafe ewig verloren geht.

Darum laßt uns Ihn von ganzem Herzen lieben – denn Er hat Sein Leben für unsere ewige Erlösung dahingegeben!

"Der Herr ist mein Hirte, mir wird nichts mangeln."

Ps. 23,1

Welche Herablassung erkennen wir darin, daß Gott, der Erhabene, Seinem Volk gegenüber den Namen und die Aufgabe eines Hirten annimmt!
Es sollte uns mit dankbarer Verwunderung erfüllen, daß der große Gott sich mit einer Person vergleichen läßt, die geeignet ist, Seine große Liebe und zärtliche Sorgfalt für die Seinen deutlich zu machen.
David selbst hütete in seiner Jugend die Schafe seines Vaters und hatte daher volles Verständnis sowohl für die Bedürfnisse der Schafe, als auch für die vielen Sorgen und Mühen eines Hirten.
Er vergleicht sich selbst mit einem schwachen, törichten und wehrlosen Geschöpf, wie es das Schaf ist, und blickt zu Gott als zu seinem Versorger, Erhalter, Führer und Beschützer auf.
Niemand hat aber das Recht, sich als ein Schaf des guten Hirten zu bezeichnen, es sei denn, daß seine Natur durch die Gnade umgewandelt worden ist, denn die unbekehrten Menschen werden in der Bibel nicht Schafe, sondern "Böcke" oder "Wölfe" genannt. Das Schaf gehört zu den Haustieren. Es ist kein wildes Tier, sondern Eigentum seines Herrn. Sein Eigentümer hat einen hohen Preis dafür bezahlt und es ist ihm wertvoll.
Es ist köstlich, so gewiß wie David zu wissen, daß wir dem Herrn angehören. Da gibt es kein Wenn und kein Aber, nicht einmal ein "Ich hoffe", sondern kurz und klar bekennt er: "Der Herr ist mein Hirte." Diese Gesinnung vertrauensvoller Abhängigkeit von unserem

himmlischen Vater sollen wir pflegen. Am wertvollsten in dem Satz klingt das kleine Wort "mein". David sagt nicht: "Der Herr ist der Hirte der ganzen Welt und leitet die unzählbare Schar seiner Herde", sondern: "Der Herr ist mein Hirte. Wenn Er auch keines anderen Hirte wäre, so ist Er doch mein Hirte. Er sorgt für mich, Er gibt auf meine Schritte acht und erhält mich." Daraus folgt: "Mir wird nichts mangeln." Sonst würde ich wohl Mangel leiden; aber wenn der Herr mein Hirte ist, dann wohl mir!

Er ist imstande, für alle meine Bedürfnisse zu sorgen und am Wollen fehlt es Ihm sicher nicht, denn Sein Herz ist voller Liebe, darum wird mir nichts mangeln. Ich werde keinen Mangel an irdischen Gütern haben. Nährt Er nicht die Raben und kleidet Er nicht die Lilien? Wie könnte Er Sein Kind Mangel leiden lassen?

Aber auch im Geistlichen wird mir nichts mangeln. Ich weiß, daß Seine Gnade mir genügt (2. Kor. 12,9). Vertraue ich Ihm, so wird Er mir sagen: "Wie deine Tage, so deine Kraft" (5. Mose 33,25). Mag sein, daß ich nicht alles habe, was ich mir wünsche, aber ich werde keinen Mangel an dem haben, was mir notwendig und heilsam ist.

David sagt nicht nur: "Mir mangelt nichts", sondern: "mir wird nichts mangeln". Mag kommen, was will; mag eine Hungersnot unser Land verwüsten oder ein Unglück die Städte zerstören, mir wird nichts mangeln. Das Alter mit seinen Gebrechen wird daran nichts ändern, ja, selbst der Tod wird mich nicht verlassen vorfinden. "Ich habe aber alles in Fülle und habe Überfluß"(Phil. 4,18); nicht, weil ich so viel Geist und Geschick habe, mein Brot zu erwerben, sondern weil der Herr mein Hirte ist.

Das Herz eines Sünders ist nie befriedigt, aber die begnadigte Seele wohnt in dem Palast göttlicher Zufriedenheit.

"Er lagert mich auf grünen Auen, er führt mich zu stillen Wassern." Ps. 23,2

Was haben wir anders unter den grünen Auen zu verstehn, als das Wort der Wahrheit? Das allein ist allezeit frisch, ergiebig und nicht zu erschöpfen. Wo das Gras so hoch steht, daß die Schafe sich darin gemächlich lagern können, ist wahrhaftig kein Mangel zu befürchten.
Die Wahrheit des Evangeliums ist eine süße, fette Weide, eine so gute Nahrung für unsere Seele, wie das zarte, weiche Gras für die Schafe.
Wenn wir durch den Glauben auf den Verheißungen Gottes ruhen, finden wir Ruhe und Genuß, Nahrung und Erquickung, süßen Frieden und Stillung unserer Bedürfnisse.
Beachte aber: "Er" lagert mich auf grünen Auen. Es ist der Herr, der uns durch Seine Gnade in die Lage versetzt, die Köstlichkeit Seiner Wahrheit zu erkennen und uns daran zu nähren. Wie dankbar sollten wir sein, wenn es uns geschenkt wird, die Verheißungen anzueignen! Es gibt viele verwirrte Seelen, die Welten dafür geben würden. Sie wissen, wie köstlich es ist, aber sie besitzen dieses Glück nicht. Sie kennen die grünen Auen, aber es ist ihnen unmöglich, sich darauf zu lagern.
Die Gläubigen, die sich bereits jahrelang einer vollen Zuversicht des Glaubens erfreut haben, sollten Gott für diese Gnade preisen!
Doch nicht immer ruhen wir auf den fetten Weiden, sondern wir wandern auch dem Ziel der Vollkommenheit zu. Darum lesen wir weiter: Er führt mich zu stillen Wassern.
Was sind die stillen Wasser anders als die sanften Einflüsse und Gnadenwirkungen des Heiligen Geistes, der mit Wasser verglichen wird, weil Er reinigt, erfrischt, fruchtbar macht

und am Leben erhält.
Stille Wasser sind es, denn der Heilige Geist ist ein Geist des Friedens und der Stille. Er stößt nicht prahlerisch ins Horn. Er mag sich in unsere Seele ergießen, ohne daß unser Nachbar etwas davon mitbekommt.
Stille Wasser sind tief. Nichts macht mehr Lärm als eine hohle Trommel. Wie köstlich ist die feierliche Stille, in welcher sich der Heilige Geist den Seelen offenbart!
Nicht zu den ungestümen Wogen des Streites, sondern zu den friedlichen Wassern der heiligen Liebe führt der Geist des Herrn die Schafe. Die Taube, nicht der Adler, ist sein Sinnbild. Der Tau und nicht der Wolkenbruch.
Unser Hirte führt uns zu diesen stillen Wassern, denn wir können den Weg dahin nicht finden. Er führt uns sanft und sorgsam, Er hetzt und jagt uns nicht. Moses treibt uns mit der Peitsche des Gesetzes – Jesus leitet uns freundlich durch Sein Vorbild und Sein liebevolles Ziehen.

"Auch wenn ich wanderte im Tal des Todesschattens, fürchte ich nichts Übles, denn du bist bei mir; dein Stecken und dein Stab, sie trösten mich." Ps. 23,4

Dieser unvergleichlich köstliche Vers ist schon an unzähligen Sterbebetten gesungen worden und hat dazu beigetragen, das "finstere Tal" licht zu machen.

"Auch wenn ich wanderte" – es scheint, als beschleunige der Gläubige seinen Schritt nicht im geringsten in Hast und Unruhe, wenn es zum Sterben geht, sondern als setzte er ganz ruhig seine Wanderschaft an Gottes Hand fort.

Wandern bezeichnet den gemessenen Schritt einer Seele, die ihren Weg kennt, weiß, wohin er führt, und darum entschlossen ist, den Pfad bis an sein Ziel zu gehen; die sich ganz sicher fühlt und daher völlig ruhig und gesammelt ist.

Das sterbende Gotteskind ist nicht in Aufregung, es rennt nicht, als wäre es in Schrecken, noch steht es still, als wollte es nicht weiter; es ist weder bestürzt noch beschämt und darum bleibt es bei dem gewohnten Schritt. Es geht ja nur durchs finstere Tal, wir bleiben nicht darin. Wir wandern durch die dunkle Schlucht des Todes und treten plötzlich in das helle Licht der Ewigkeit. Wir sterben nicht, sondern wir legen uns nur schlafen, um in der Herrlichkeit zu erwachen.

Der Tod ist nicht das Haus, sondern die Vorhalle; nicht das Ziel, sondern der Durchgang, der zur Herrlichkeit führt.

Das Sterben wird hier ein Wandern durch ein Tal genannt. Auf den Bergen bricht der Sturm los, aber das Tal ist der Ort der Stille. So sind oft die letzten Tage eines Christen die

friedevollsten seines ganzen Lebens. Die Bergeshöhen sind rauh und kahl; aber das Tal ist voll goldener Garben.

Auch heißt es nicht: "Tal des Todes", sondern "Tal des Todesschattens". Das ist uns sehr köstlich, denn wir wissen, daß der Tod in der Tat besiegt und nur sein Schatten übriggeblieben ist. Kein Mensch fürchtet sich vor einem Schatten, denn ein Schatten kann niemandem auch nur einen Augenblick den Weg versperren. Der Schatten eines Hundes kann nicht beißen, der Schatten eines Schwertes nicht töten und der Schatten des Todes kann uns nicht verderben.

"Darum fürchte ich nichts Übles." Die schlimmsten Übel sind diejenigen, die nur in unserer Einbildung vorhanden sind. Wenn wir uns an den wirklichen Übeln genug sein ließen, würden wir nicht den zehnten Teil der Sorgen haben, die uns jetzt bedrücken. Wir erleiden tausend Tode, weil wir den einen fürchten. David aber war von dem Übel der Furcht geheilt, denn er wußte: "Du bist bei mir."

Das kleine Kind draußen auf sturmbewegter See wird nicht von Furcht gepeinigt wie all die anderen Reisenden an Bord. Es schlummert in dem Schoß seiner Mutter. Es ist ihm genug, zu wissen, daß die Mutter bei ihm ist und so sollte es dem Gläubigen genug sein, zu wissen, daß Christus bei ihm ist.

"Du bist bei mir und weil ich Dich habe, besitze ich alles, was ich mir nur wünschen kann. Ich habe überreichen Trost und völlige Sicherheit, weil Du bei mir bist. Dein Stecken und Stab, mit denen Du die Herde leitest und beschützest, die Symbole Deiner Hoheit und liebevollen Fürsorge, sie trösten mich. Ich will es glauben, daß Du mich auch jetzt leitest – im finsteren Tal. Dein sanfter Hirtenstab waltet über mir; kein Feind wird mich überwältigen, kein Unglück mich befallen."

Manche Leute sagen, daß ihnen die Hoffnung, nicht zu sterben, sondern entrückt zu werden, viel Trost gewähre. Sicher wird es manche geben, die "übrigbleiben bis zur Ankunft des Herrn"(1. Thess. 4,15). Aber bietet die Entrückung wirklich so viele Vorzüge, daß der Christ sie zum Gegenstand seines sehnlichen Verlangens machen sollte?

Ein weiser Mann möchte von den beiden Möglichkeiten wohl das Sterben wählen, denn diejenigen, die nicht entschlafen, sondern beim Ton der letzten Posaune verwandelt werden, verlieren in einer Beziehung eher etwas, als daß sie gewinnen: sie gehen der Ähnlichkeit mit Christus im Grab verlustig.

Laßt uns die Gesinnung jenes Knechtes Christi teilen, der gesagt hat "Sterben ist Gewinn" (Phil. 1,21), und laßt uns mit ihm Lust haben, "abzuscheiden und bei Christus zu sein, denn es ist weit besser".

"... denn du bist bei mir, dein Stecken und dein Stab, sie trösten mich. Ps. 23,4

Sieh, wie unabhängig von allen äußeren Umständen und Verhältnissen der Heilige Geist einen Jünger Jesu Christi machen kann! Welch herrliches Licht kann in uns scheinen, wenn um uns her alles dunkel ist. Wie sicher, wie ruhig, wie reich an Frieden können wir sein, während die Welt zittert und die Grundfesten der Erde beben!

Ja, selbst der Tod mit all seinen furchtbaren Schrecken ist nicht in der Lage, die freudige Stimmung eines Christen zu zerstören. Vielmehr tönt die himmlische Musik im Herzen nur um so heller und klarer, bis uns die letzte Wohltat, die der Tod erweisen kann, zuteil wird und der irdische Lobgesang sich mit den himmlischen Chören verschmilzt und die zeitliche Freude sich auflöst in ewige Wonne.

Darum laß uns mit fester Zuversicht mit dem Beistand des Heiligen Geistes rechnen, der uns tröstet.

Lieber Mitpilger, siehst du Armut und Mangel voraus? Fürchte dich nicht, der Geist Gottes kann dir in all deinem Mangel eine größere Fülle wahrer Güter schenken, als die Reichen in ihrem Überfluß besitzen.

Fühlst du, daß deine Körperkräfte mehr und mehr abnehmen? Blickst du langen, leidvollen Nächten und schweren Schmerzenstagen entgegen? Ach, werde nicht traurig! Dein Tränenlager wird dir zum Thron werden. Jeder stechende Schmerz, der deinen Körper durchzuckt, mag zu einem Läuterungsfeuer werden, daß deine Schlacken verzehrt und zu einem Strahl der Herrlichkeit, der die geheimen Kammern deines Herzens durchleuchtet.

Werden deine Augen dunkel? Der Herr Jesus will dein Licht sein.
Verläßt dich dein Gehör? Der Name Jesu wird deiner Seele der schönste Gesang sein und seine Person deine große Freude.
Sokrates pflegte zu sagen: "Weise können auch ohne Gesang glücklich sein." Christen können noch glücklicher sein als alle Weisen, auch wenn alle äußeren Freudenquellen versiegen.
In Dir, mein Gott, soll mein Herz frohlocken, mag auch von außen kommen, was da will! Durch Deine Güte wird mein Herz fröhlich sein inmitten meiner äußeren Armut. Ich spüre die Gegenwart des guten Hirten und habe die feste Zuversicht, daß Sein Hirtenstab den Feind hindern wird, mich zu verletzen.
Sollte diese gegenwärtige Zeit dich durch die schwarze Nacht großer Leiden führen, so verherrliche Gott durch ein zuversichtliches Vertrauen auf Ihn! Furcht und Angst überlassen wir denen, die keinen Vater im Himmel, keinen Heiland und keinen Heiligen Geist haben.

"Ich bin der gute Hirte; und ich kenne die Meinen."

Joh. 10,14

Der gute Hirte kennt die Zahl Seiner Schafe und wird nie eins verlieren. Er kennt den Charakter und das Alter eines jeden der Seinen. Er versichert uns, daß selbst die Haare auf unserem Haupt gezählt sind.

Jesus besitzt keine Schafe, die Ihm unbekannt sind. Es ist unmöglich, daß Er eins übersehen oder vergessen haben sollte. Diejenigen, die Er durch Sein Blut erlöst hat, kennt Er so genau, daß Er keines von ihnen verwechseln oder falsch beurteilen würde.

Er kennt ihren Zustand. Er kennt die Schwachen, die Nervösen, die Ängstlichen, die Starken, die Kranken, die Sorgenvollen, die Ermatteten und die Verwundeten. Er kennt diejenigen, welche der Teufel jagt, welche sich zwischen den Klauen der Löwen befinden und geschüttelt werden, bis sie fast am Leben verzweifeln. Er kennt ihre Gefühle, ihre Furcht, ihre Schrecken.

Er kennt unsere innersten Gedanken und Gefühle besser als irgend jemand von uns selbst. Er kennt unsere Prüfungen – die besondere Prüfung, unter welcher du jetzt niedergebeugt bist. Er kennt unsere Schwierigkeiten – die besondere Schwierigkeit, die sich dir gerade jetzt in den Weg gestellt hat. Alles, was unser Leidenskelch enthält, ist Ihm bekannt. "Ich kenne die Meinen... gleichwie der Vater mich kennt." Es ist unmöglich, sich eine Kenntnis vorzustellen, die vollkommener ist als die, welche der Vater vom Sohn hat. Ebenso ist es unmöglich, daß wir jemandem besser bekannt sind, als Christus einen jeden Seiner Erwählten kennt.

Er kennt unsere Sünden. Ich fühle mich oft glücklich, wenn ich daran denke, daß Er unser Hirte sein will, obwohl Er unsere böse Natur kennt und was daraus werden könnte. Als Er uns erwählte, wußte Er, was wir waren und was wir sein sollten. Er kaufte Seine Schafe nicht im Dunkeln. Er erwählte uns nicht, ohne die bösen Wege unseres vergangenen und zukünftigen Lebens zu kennen.

Seine Erwählung schließt das Wissen um all unsere besonderen bösen Gewohnheiten ein. Man sagt von der menschlichen Liebe, daß sie blind sei. Aber Christi Liebe hat viele Augen und alle Seine Augen sind offen – und dennoch liebt Er uns.

Er kennt uns persönlich, nicht vom Hörensagen. Er kennt uns auf Grund der Gemeinschaft mit uns und Er hat Mitleid mit uns und kann mit uns fühlen, weil Er als Mensch auf dieser Erde unsere Nöte und Prüfungen durchlebt hat.

Du hast eine Uhr, die nicht mehr richtig funktioniert und du gibst sie in die Hand eines Menschen, der nichts davon versteht und er sagt: "Ich will sie dir reinigen." Er wird mehr Schaden als Nutzen anrichten. Aber gib sie in die Hand des Meisters, der diese Uhr gemacht hat, jedes Rädchen und jede Schraube kennt und an seine Stelle gesetzt hat. Du wirst sagen: "Diesem Mann kann ich vertrauen, er kann die Uhr reparieren, weil er sie selbst hergestellt hat."

Ich freue mich über den Gedanken, daß der Herr, der mich geschaffen hat, mich auch zurechtbringen und bis ans Ende bewahren wird. Mein Schöpfer ist auch mein Erlöser. Der mich gemacht hat, hat mich auch wiedergeboren und wird mich ans Ziel bringen zu Seinem Lob und Preis.

"Ich lasse mein Leben für die Schafe." Joh. 10,15

Ich liebe es, an unseren guten Hirten zu denken, der für uns starb – freiwillig für uns in den Tod ging. Er gab Sein Leben für uns. Solange Er lebte, setzte Er Sein Leben für uns ein und als die Stunde kam, gab Er es für uns in den Tod.
Für euch, Geliebte, erduldete Er Gethsemane, für euch hat Er Seine Hände den Nägeln dargeboten und Seine Füße dem grausamen Eisen. Für euch hat Er gerufen: "Mein Gott, mein Gott, warum hast du mich verlassen." Für euch hat Er Seinen Geist aufgegeben.
Das Wunderbare ist, daß Er sich nicht schämt, den Gegenstand Seines Opfers zu erwähnen: "Ich lasse mein Leben für die Schafe." Was Er auch für die Welt getan hat – und ich bin nicht derjenige, der die Auswirkungen Seines Todes für die Welt beschränken will – Sein besonderer Ruhm ist: "Ich lasse mein Leben für die Schafe."
Großer Hirte, willst Du wirklich sagen, daß Du für die Schafe gestorben bist? Bist Du nicht zu weit gegangen in deiner Liebe, daß Du für verirrte und verlorene Schafe Dein Leben gelassen hast? Du großer, unbegreifbarer, herrlicher Gott, wolltest Du Dein Leben hingeben für Männer und Frauen wie wir? Für Menschen mit unbeständigem Charakter und hartem Herzen, von denen die Besten nicht so gut sind, wie sie sein sollten? Heiland, starbst Du für solche?
"Ja, ich tat es. Ich gab mein Leben für die Schafe. Ich schäme mich ihrer nicht und schäme mich nicht zu sagen, daß ich für sie starb."
Nein, Geliebte, Er schämt sich Seiner hingebenden Liebe nicht. Er hat es allen Bewohnern des Himmels kundgetan und dort wird das Lied gesungen: "Du bist würdig, das Buch zu

nehmen und seine Siegel zu öffnen..." Sollten wir nicht die Fortsetzung singen: "...denn du bist geschlachtet worden und hast durch dein Blut für Gott erkauft"?
Mögen Menschen über die Lehre der Erlösung durch das Blut verächtlich die Nase rümpfen, Jesus schämt sich Seiner Liebe nicht. Es ist Sein Ruhm, daß Er für Seine Schafe und nicht für die Welt Sein Leben gegeben hat. Es gibt eine Auswirkung des Todes Jesu für die Welt, aber hier betont Er das Besondere Seines Opfers: "Ich lasse mein Leben für die Schafe." Man könnte auch sagen "statt der Schafe". Er macht es zu Seinem Ruhm, wenn Er von Seinen Erwählten spricht, daß Er stellvertretend für sie gestorben ist und den Zorn Gottes über ihre Sünden getragen hat.
Was Sein Ruhm ist, wollen wir auch rühmen. Wir wollen mit dem Apostel sagen: "Von mir aber sei es ferne mich zu rühmen, als nur des Kreuzes unseres Herrn Jesus Christus, durch welchen mir die Welt gekreuzigt ist und ich der Welt." (Gal. 6,14)
O Geliebte, welch herrlichen Christus haben wir, der uns liebt, der uns kennt und den auch wir kennen und lieben!

"Und ich habe andere Schafe, die nicht aus diesem Hof sind, auch diese muß ich bringen, und sie werden meine Stimme hören."

Joh. 10,16

Die Herde unseres Herrn war damals nur eine Handvoll Jünger, die Er berufen hatte und die sich um Ihn, den guten Hirten, scharten. Sie mochten als kleine Gesellschaft verachtet werden, aber der Herr sagte zu den Feinden, welche außerhalb der Herde vor Wut schäumten: "Ich habe noch andere Schafe...auch die muß ich bringen."

Wir sehen, daß der Herr Jesus auch in den schlechtesten Zeiten ein Volk hatte. Ohne Zweifel sind unsere Tage äußerst gefährlich und ich habe gewisse Brüder um mich, die dafür sorgen, daß ich diese Tatsache nicht vergesse, denn sie verstehen es gut, sich mit dem Niedergang der Gemeinden und dem Verderben der Welt zu beschäftigen. Ich kann mich erinnern, schon vor dreißig Jahren gehört zu haben, daß wir in schrecklichen Zeiten leben, und so weit ich mich entsinnen kann, sind die Zeiten bis jetzt schrecklich gewesen und werden es auch in Zukunft sein. Der treue Nachtwächter sieht alles, nur nicht den Anbruch des Morgens. Vielleicht soll es gerade so sein; jedenfalls ist es so besser, als im Narrenparadies zu schlafen. Fest steht jedenfalls, daß die Tage unseres Herrn besonders schrecklich waren. Kein Zeitalter kann schrecklicher sein als dasjenige, in welchem der Sohn Gottes an ein Kreuz geschlagen wurde und es hieß: "Hinweg mit ihm!"

Es war eine Zeit, in welcher Menschensatzungen regierten. Die Menschen hatten es aufgegeben, Gott nach der Schrift zu verehren. An jeder Straßenecke konnte man die Trompeten hören, denn die Pharisäer verteilten Almosen. Mit ungewaschenen Händen zu essen war damals ein Verbrechen, aber die Häuser der Witwen zu verschlingen, verursachte den selbstgerechten Pharisäern

keine Skrupel. Es war eine Zeit, in welcher der heftigste Widerstand gegen die Wahrheit Gottes stattfand. Unser Herr Jesus konnte kaum den Mund öffnen, und sie hatten schon Steine aufgehoben, um Ihn zu steinigen. Sie sagten, Er habe einen Dämon und sei unsinnig; Er sei ein Fresser und Weinsäufer. Die Wut der Menschen kochte gegen Christus, bis sie Ihn zum Schluß ans Kreuz schlugen, weil sie nicht ertragen konnten, daß Er unter ihnen lebte. Und doch hatte Er zu dieser Zeit einen Hof für Schafe, die Er erwählt hatte, welche Seine Stimme kannten und Ihm treu folgten.

Unser Herr sagte von ihnen: "Sie sind nicht von dieser Welt, gleichwie ich nicht von dieser Welt bin." Verworfen von der Welt scharten sie sich um Ihn und waren völlig sicher. Die Gegenwart des Herrn war eine feurige Mauer um sie her. Sie hatten nur zu Ihm zu eilen, und Er begegnete all ihren Widerwärtigkeiten und Er verteidigte sie gegen alle Vorwürfe. Wie ein zweiter David beschützte der Herr Jesus Seine Herde vor allen raubgierigen Löwen, die sie zu verschlingen drohten. Sie waren getrennt von der Welt, bewahrt vor falschen Lehren und vor Zerspaltung und Zerstreuung.

Beachtet aber, daß Jesus es ihnen nicht gestattete, in einen Zustand der selbstsüchtigen Befriedigung zu geraten. Nein, Er öffnete die Türe weit und rief: "Ich habe noch andere Schafe!" So hemmt Er die Neigung, die sich so leicht in die Gemeinde einschleicht, diejenigen außerhalb des Hofes zu vergessen und die eigene, persönliche Errettung zum einzigen Zweck des Glaubens zu machen.

Die Gemeinde ist unser Wohnort, aber sie ist nicht unser einziger Wirkungskreis, denn wir haben alle in die Welt zu gehen, um Verlorene zu suchen. Weil wir sehen, daß der Herr auch noch andere Schafe hat, die nicht aus diesem Stall sind und von Ihm durch Seine Jünger gesucht werden müssen, sollten wir uns gegenseitig zu dieser wichtigen Aufgabe ermuntern.

"... und es wird eine Herde und ein Hirte sein."

Joh. 10,16

Wir hören heute viel von der Einheit der Kirche und die Meinungen darüber sind sehr erstaunlich. Man wünscht, daß die römisch-katholische, die evangelische und anglikanische Kirche sich vereinigen werden. Ich zweifle nicht daran, daß Gott Seine Erwählten in all diesen Kirchen hat, aber eine Vereinigung dieser fragwürdigen Einrichtungen würde den vorhandenen Schaden noch größer machen.

Die Einheit der wahren Kirche muß nicht angestrebt werden, sondern sie besteht. Es war stets ein Hirte der Schafe vorhanden, unser Herr Jesus Christus, und es gab stets nur eine Herde, die dem guten Hirten anvertraut ist und es wird keine weiteren geben. Alle von Menschen gegründeten Kirchen enthalten Teile der einen Gemeinde Jesu Christi, aber es gab nie zwei Körper Christi und kann es nicht geben. Es gibt nur eine Gemeinde und ein Haupt der Gemeinde.

Ein geistlich gesinnter Christ sucht und findet immer Gemeinschaft mit solchen, die gleicher Gesinnung sind. Namenschristen haben gerne Krieg, aber lebendige Gläubige suchen den Frieden. Wenn der Mensch nichts anderes hat als eine religiöse Form, so wird er mit Leibeskräften für ihren Erhalt kämpfen, aber ein Christ, der seinen Herrn liebt und in Seiner Nähe lebt, erkennt das neue Leben bei seinen Mitchristen und hat Gemeinschaft mit ihnen.

Ich habe oft festgestellt, daß mich das Lesen eines guten Buches näher zu Gott gebracht hat, und obwohl ich wußte, daß es von einem Mann geschrieben wurde, mit dessen Meinungen ich nicht immer übereinstimmen konnte, so habe ich mich doch nicht geweigert, mich durch

ihn erbauen zu lassen in den Punkten, die jedem Christen klar sind.
Alle, die durch das Blut Christi erlöst worden sind, haben ein gewisses Familiengefühl, das sie nicht abschütteln können. Jesus, unser Leben, bindet Seine Gemeinde zusammen. Sein Leben fließt durch alle Wiedergeborenen wie das Blut durch alle Adern des Körpers. Laß das Äußere fallen und blicke durch den Glauben in den geistlichen Bereich und du wirst eine Herde und einen Hirten sehen.
Die beste Weise für alle Schafe, die Einheit der Gemeinde zu bewahren, besteht darin, dem Hirten zu folgen. Wenn alle dem Hirten folgen, werden auch alle beisammen sein. Kompromisse auf Kosten der Wahrheit würden nur eine Vereinigung zum Ungehorsam bedeuten. Unterwerfe sich niemand einem unbiblischen Grundsatz um der Liebe willen. Es ist keine Liebe, Irrtum Wahrheit zu nennen. Zuerst Reinheit, dann Friede, das ist die Regel.
O Gott, vergib uns unsere Irrtümer und leite uns in Deine Wahrheit.
Vergib uns unseren Mangel an praktischer Heiligkeit und ungeheuchelter Bruderliebe und erneure uns nach Deinem Bild!

"Meine Schafe hören meine Stimme, und ich kenne sie."

Joh. 10,27

Wir wollen nun über die Merkmale der Schafe nachdenken. Wenn es viele Schafherden gibt, dann ist es nötig, die Schafe zu kennzeichnen.
Es ist sehr leicht zu erkennen, daß die Schafe Christi zwei Merkmale haben, die sie von allen anderen Schafen unterscheiden: das eine befindet sich am Ohr und das andere am Fuß.
Zunächst das Zeichen am Ohr: "Meine Schafe hören meine Stimme." Viele Menschen hörten die Stimme Jesu, als Er auf Erden wandelte, aber sie hörten nicht so, wie es hätte sein sollen. Sie wollten nicht hören, das heißt, sie wollten weder darauf achten, noch Seinem Ruf gehorchen und zu Ihm kommen.
Das durch den Heiligen Geist geöffnete Ohr, welches auf Gott hört, ist ein Kennzeichen der erwählten, bluterkauften Schafe. Sie hören nicht nur den Schall des Wortes, sondern erkennen auch den verborgenen Sinn, nicht nur den Buchstaben, sondern auch die geistliche Lehre, nicht nur mit dem Ohr, sondern auch mit dem Herzen.
Ich denke, unser Heiland deutet hier auch an, daß Seine Schafe Seine Stimme von den Stimmen fremder und falscher Hirten unterscheiden können. Das echte Kind Gottes unterscheidet das Evangelium vom Gesetz. Diese Erkenntnis kommt weder durch das Lesen theologischer Schriften, noch durch das Hören auf endlose Streitgespräche. Die Sinne der neugeborenen Natur verdienen viel mehr Vertrauen, als irgendeine gelernte Lektion.
Es gibt keine Musik wie die Stimme Jesu. Wenn du sie einmal gehört hast, kannst du sie nicht so leicht mit einer anderen verwechseln.

Einige sind "Säuglinge" in der Gnade, andere sind zum vollen Mannesalter herangereift und haben durch Gewohnheit geübte Sinne, – aber ein Sinn entwickelt sich sehr schnell: das Gehör. Es ist leicht, die Freudenglocken des Evangeliums von dem Trauergeläut des Gesetzes zu unterscheiden, denn der Buchstabe tötet, aber der Geist macht lebendig.
"Tue es, oder stirb", sagt Mose – "glaube und lebe", sagt Christus. Wenn einige der schwächsten Kinder Gottes eine fließende Rede hören, in welcher der Prediger mit aller Redekunst die Würde der menschlichen Natur und die Allgenugsamkeit der menschlichen Vernunft preisen würde, mit der man den Weg zur Seligkeit finden könnte, so werden sie sagen: "Klug geredet, aber keine Nahrung für mich!" Aber laßt die gebildetsten und am meisten fortgeschrittenen Christen eine Predigt hören von einem Mann, der weder eine Rednergabe hat, noch die Sprache richtig beherrscht, so werden sie sagen: "Einerlei wer der Mann ist und auf welchem Teller er die Nahrung bringt, es war Speise für meine Seele, denn ich konnte darin die Stimme Christi erkennen."
Die Worte des guten Hirten sind den Schafen Christi die unfehlbare Quelle ihres Glaubensbekenntnisses. Sie lassen sich nicht von Konzilien, Konferenzen oder Satzungen regieren. Hat Christus es gesagt? – Das ist ihnen genug. Wenn aber nicht, so bedeutet ihnen alles Gerede nicht mehr als das Pfeifen des Windes.

"... und sie folgen mir." Joh. 10,27

Denken wir nun über das zweite Kennzeichen der Schafe Christi nach: "...und sie folgen mir." Wir sollten unserem Herrn und Heiland so selbstverständlich folgen, wie die Schafe ihrem Hirten. Er hat das Recht uns zu leiten, wohin es Ihm gefällt. Wir gehören nicht uns selbst, wir sind teuer erkauft worden, darum wollen wir die Rechte des für uns vergossenen Blutes anerkennen.

Der Soldat folgt seinem Führer, der Knecht gehorcht seinem Herrn und wieviel mehr haben wir unserem Heiland zu folgen, dessen teuer erworbenes Eigentum wir sind! Ergebung ist unsere Pflicht, Eigenwille wäre Torheit.

Wohin der Herr uns auch führt, Er geht voran! Wenn wir oft auch nicht wissen, wohin wir gehen, so wissen wir doch, mit wem wir gehen. Wenn wir einen solchen Begleiter bei uns haben, wer fürchtet dann noch die Gefahren des Weges?

Die Reise mag lange währen, aber Seine ewigen Arme tragen uns bis ans Ende. Die Gegenwart Jesu ist die Garantie des ewigen Heils, – weil Er lebt, sollen auch wir leben. Wir sollten Christus einfältig und gläubig folgen, weil die Wege, auf denen Er uns leitet, uns zur Herrlichkeit führen.

Diese Pfade mögen nicht immer sanft sein; vielleicht sind sie mit scharfen, spitzen Steinen der Trübsal bedeckt, aber sie führen uns zu der "Stadt, welche Grundlagen hat und deren Baumeister und Schöpfer Gott ist".

"Alle Wege Gottes sind Güte und Wahrheit denen, die seinen Bund und seine Zeugnisse bewahren."

Wir wollen volles Vertrauen zu unserem Führer haben, weil wir wissen, daß im Glück oder Unglück, in Gesundheit oder Krankheit, in Ehre oder Schmach Sein Ziel erreicht wird, und dieses Ziel ist das ungetrübte Heil, das jedem Erben der Gnade zuteil wird.
Wir gehen gerne mit Christus den rauhen Abhang des Berges hinauf und wenn uns Regen und Schnee entgegenwehen, so erquickt uns Seine Liebe weit mehr, als die, welche zu Hause sitzen und sich vom Feuer dieser Welt wärmen lassen.
Die Schafe Christi folgen Ihm als ihrem Vorbild. Sie möchten in der Welt sein, wie Er war. Es ist eins ihrer Kennzeichen, daß sie die Gesinnung Jesu haben und ihrem Herrn in allen Dingen ähnlich werden möchten.
Sie folgen Ihm auch als ihrem Befehlshaber. "Was er euch sagt, das tut", war der weise Rat Seiner Mutter und die weise Regel Seiner Kinder ist, zu tun, was Er sagt.
Gesegnet vor vielen werden die sein, von denen gesagt werden kann: "Sie folgten dem Lamme, wohin es auch ging."
Die Glücklichsten unter den Glücklichen sind diejenigen, welche Seine Fußstapfen, die Spuren Seiner durchbohrten Füße, sehen und diesen Spuren folgen, bis sie vor dem Thron des Lammes stehen.

"Ich gebe ihnen ewiges Leben und sie gehen nicht verloren ewiglich und niemand wird sie aus meiner Hand rauben."

Joh. 10,28

Ich weiß nicht, wie manche Leute, die glauben, daß ein Christ aus der Gnade fallen und somit verloren gehen kann, es fertigbringen, glücklich zu sein. Wenn ich nicht an die endgültige Bewahrung der Heiligen glaubte, wäre ich der elendeste unter den Menschen, denn dann hätte ich keine Ursache des Trostes mehr.

Ich glaube, daß die glücklichsten und echtesten Christen jene sind, die es niemals wagen, an Gott zu zweifeln, sondern die Sein Wort einfach so, wie es da steht, annehmen, es glauben und nicht in Frage stellen. Sie wissen, daß Gott die Wahrheit spricht, und so bezeuge ich, daß ich keinen Grund habe, an meinem Herrn zu zweifeln. Ich fordere Himmel, Erde und Hölle auf, einen Beweis dafür zu erbringen, daß Gott unwahrhaftig ist. Er ist ein Gott, der Seine Versprechen hält!

Niemand wird die Schafe aus der Hand des guten Hirten rauben können. Viele werden es versuchen, aber niemand wird es vermögen. Der Teufel wird ihnen manch schrecklichen Ruck und Stich versetzen und ihre früheren Genossen und die Erinnerungen an ihre vielen Sünden werden sie mit schweren, listigen Angriffen überfallen; aber der Heiland sagt: "Niemand wird sie aus meiner Hand rauben."

Hierin liegt ihre Sicherheit: Sie sind in Seiner Hand, in Seinem Besitz, und Er hält sie fest und sagt: "Du bist mein."

Es kann sie auch niemand Seinem Schutz entziehen. Er hat Sein Wort gegeben und setzt

Seine Ehre darein, sie zu bewahren. Könnte Ihm eines Seiner Kinder entrissen werden, so würde der Teufel frohlocken und triumphieren: "Er konnte es nicht bewahren. Er hat es zwar versprochen, aber Er vermochte Sein Wort nicht zu halten." Ein so schrecklicher Triumph des Teufels wird jedoch in Ewigkeit nicht gehört werden.

Jemand mag einwerfen: "Aber sie können sich doch selbst aus Seiner Hand entfernen." Wie kann das geschehen, wenn es vorher heißt "sie gehen nicht verloren ewiglich"? Du wirst zugeben müssen, daß diese Verheißung – "sie gehen nicht verloren ewiglich" – die Idee ausschließt, daß sie durch ihr eigenes Tun und Treiben Seiner Hand entgleiten können. "Niemand wird sie aus meiner Hand rauben."

Wer kann den Griff der Hand lösen, die für mich von Nägeln durchbohrt wurde? Der Herr Jesus hat mich zu teuer erkauft, um mich je loszulassen. Er liebt mich so, daß mich Seine ganze Allmacht hält, und da es nichts Größeres als die Gottheit gibt, kann ich nie aus Seiner teuren Hand geraubt werden.

So liegt es an uns, fleischliche Furcht sowie fleischliches Vertrauen fahren zu lassen und friedlich in der starken Hand des Erlösers zu ruhen.

"... und niemand wird sie aus meiner Hand rauben."

Joh. 10,28

So bist du, Kind Gottes, was innere und äußere Leiden betrifft, in Gottes Hand. Es ist besser, du ergibst dich rückhaltlos Seiner Hand , als daß du uneingeschränkt deinen eigenen Wünschen überlassen bleibst. Wir wollen dem himmlischen Vater nicht vorschreiben, was Er mit uns tun soll. Möge Er über unser ganzes Leben jederzeit die volle Herrschaft haben!

Wie der tapfere und geduldige Mensch dem Messer des Arztes stillhält, so legt der Christ sich in getrostem Glauben in die Hand Gottes und betet, daß sein eigener Wille nichts anderes als "Amen" zu dem Willen Gottes sagt.

Es ist herrlich, ein Eigentum Gottes zu sein. Er, der alles erfüllt, überdenkt die Sache seines armen Kindes, ebenso wie Er die ewigen Gesetze erdacht und den Grund der Erde gelegt hat.

Vergessen wir nicht: Wenn wir in der Hand des Herrn sind, wenn sie uns Leiden schickt, so empfangen wir aus ihr auch Trost und Errettung. Wenn nach dem Regen neue Wolken kommen, wenn ein Unwetter dem anderen folgt, so wissen wir uns in der Hand des Allmächtigen und niemand kann die Sonne daran hindern zu scheinen, wenn Er will, daß sie uns wieder erfreut. "Er hat zerrissen und wird uns heilen, er hat geschlagen und wird uns verbinden" (Hos. 6,1).

Die Tränen der Betrübnis sind oft notwendig, um das Auge des Glaubens hell zu erhalten.

Psalm 23

Ein Psalm von David

Der HERR ist mein Hirte,
mir wird nichts mangeln.
Er lagert mich auf grünen Auen,
er führt mich zu stillen Wassern.
Er erquickt meine Seele.
Er leitet mich in Pfaden der Gerechtigkeit
um seines Namens willen.
Auch wenn ich wanderte im Tal des Todesschattens,
fürchte ich nichts Übles, denn du bist bei mir,
dein Stecken und dein Stab, sie trösten mich.
Du bereitest vor mir einen Tisch angesichts meiner Feinde;
du hast mein Haupt mit Öl gesalbt,
mein Becher fließt über.
Nur Güte und Gnade werden mir folgen
alle Tage meines Lebens;
und ich werde wohnen im Haus des Herrn
auf immerdar.

Leseprobe aus "**Auf Dein Wort**" von C. H. Spurgeon,
Andachten für jeden Tag, 382 Seiten, CLV, gb., DM 17.80

11. Februar
"Ich aber und mein Haus, wir wollen dem Herrn dienen!" Josua 24,15

Die rechte Entscheidung für Gott ist tief, ruhig, klar, bestimmt und wohlgegründet. Josua spricht seinen Entschluß nicht leichthin aus. Schaut auf das Angesicht des ernsten Kriegers, gezeichnet durch die Narben mancher Schlacht, gefurcht von mehr als hundertjähriger Erfahrung. Er sieht nicht aus wie ein Tändler. Er spricht nicht wie einer, der ein Liebeslied singt und es von seinen Lippen trillert, sondern seine Worte kommen mit der schroffen Ehrlichkeit und der tapferen Aufrichtigkeit eines Heerführers aus seinem Herzen. Es klingt, als hätte er gesagt: "Ich habe meinen Gott zu viele Jahre gekannt, um Ihn nun zu verlassen. Ich habe nicht unter dem Schatten des Allmächtigen vierzig Jahre lang in der Wüste zugebracht, um nun am Ende die Götzen aufzusuchen." Er spricht wie einer, der die Sache gründlich erwogen hat und zu einer Entscheidung gekommen ist, die er gegen alle verteidigen kann. Ihr seht in ihm keinen Wetterhahn, der aus Menschengefälligkeit der öffentlichen Meinung beipflichtet, sondern ihr hört einen ehrlichen Mann, der sein Herz aufschließt und seine innersten Gefühle mit heiligem Ernst ausspricht. Er verkündet einen unumstößlichen Entschluß: "Ich aber und mein Haus, wir wollen trotz der Menge und trotz der Sitten, trotz Versuchungen und Trübsale, trotz der Götzen oder Teufel bis zum Ende dem Herrn dienen." Genauso sollte die Entschiedenheit eines jeden von uns sein, und ich wünsche ernstlich, sie wäre es.

Ich liebe an Josua, daß er niemand darüber im unklaren lassen will, wie er steht. Warum seid ihr nicht ebenso offenherzig, die ihr den Herrn liebt? Er hat sich nicht geschämt zu bekennen, daß Er uns liebt. Sollten wir uns nun Seiner schämen? Zieht die Flagge am Masten hoch, damit jedes Auge sie sehen kann. Und wenn jemand mit dem Herrn Jesus Krieg führt, führt er mit uns Krieg. Laßt Erde und Hölle dies ein für allemal wissen.